AF246021

LA VÉRITÉ
SANS AIGREUR,

Par le Citoyen PRESSAVIN, *Député
de Rhône et Loire, à la Convention
Nationale.*

Est modus in rebus, sunt certâ denique fines,
Quos ultrà citraque nequit consistere rectum.

IL est un moyen terme à tout, dont on ne
peut s'écarter sans s'éloigner, en même-temps,
du but qu'on se propose d'atteindre ; ce Pré-
cepte d'Horace ne sauroit trouver une plus juste
application qu'à la position actuelle où nous
nous trouvons.

Jusqu'à présent, nous avons parcouru tous
les extrêmes, et nous n'avons trouvé que péril
et danger ; forcés de nous replier, c'est-à-dire de
revenir des excès dans lesquels nous nous sommes
laissés entraîner, c'est à nous à bien mesurer
aujourd'hui la carrière que nous avons à remplir,
afin d'en suivre la route sans dévier, et d'éviter
les écueils que cinq ans d'expérience ont dù nous
apprendre à connoître.

Nos prédécesseurs ont fait de grandes fautes,

A

et quoique dans un sens contraire à celles que nous avons à nous reprocher, elles n'en n'ont pas moins nuit aux progrés de la révolution; c'est par les extrêmes que, de part et d'autre, nous nous sommes égarés; rentrons donc, pour n'en plus sortir, dans ce centre où réside la force et la vertu, et d'une main ferme, retenons si bien les rènes du gouvernement, qu'aucune force ne soit capable de l'entraîner hors de la route dans aquelle le peuple François entend le faire marcher.

Représentans de ce peuple grand et généreux, vous êtes, par sa volonté, revêtus d'une grande puissance; songez que vous lui devez compte de l'emploi que vous en aurez fait; songez que c'est pour son bonheur qu'il a remis entre vos mains l'exercice de sa souveraineté, et que tout ce que vous avez fait ou laissé faire contre ses intéêts, sont autant de fautes capitales dont vous ne pouvez vous laver auprès de lui, qu'en réparant promptement les maux qu'il en a souffert, et en prévenant, par votre conduite sage, ferme et prudente, les dangers dont ses ennemis n'ont cessé, jusqu'à présent, de l'environner.

Nous les avons vu, ces ennemis, s'agiter en tous sens autour de nous, d'abord ouvertement, ensuite sous différens masques qui sont successivement tombés, et ont laissé à découvert, leur turpitude; nous les connoissons tous aujourd'hui; leur maintien, leur langage et leurs intrigues, les signalent assez bien pour qu'on ne puisse les méconnoître; frappons donc, puisque nos coups ne peuvent plus porter à faux. Il est temps de délivrer le corps politique de ces insectes dont la morsure venimeuse, sans pouvoir atteindre les principes de sa vie, le tiennent cependant dans un état de langueur qui tous les jours en altère la force, et donne à nos ennemis exterieurs, l'espérance de le voir bientôt succomber. Rendons-lui promptement cette vigueur qui doit les ammener à nos pieds, implorer une paix qu'ils se repentent d'avoir troublée, et pour laquelle ils feront les plus grands sacrifices, du moment qu'ils auront perdu l'espoir qu'ils fondent sur nos divisions.

Cette vigueur dans le gouvernement, il ne tient qu'à nous de la lui rendre, nous en avons tous les moyens, rien ne peut résister à ceux que nous emploierons, lorsqu'ils seront sagement dirigés.

Qu'une justice sévère effraye et contienne nos ennemis intérieurs sous quelque masque qu'ils se couvrent; mais que cette justice soit exercée de manière que, sous son égide, l'innocent et l'ami de la révolution, jouisse en paix des doux fruits de la liberté, et que son ame ne soit plus flétrie par la terreur que les dominateurs lui inspirent.

Le pouvoir que nous tenons de la Nation, n'appartient à aucun de nous en particulier; mais exclusivement au corps que nous formons-gardons-nous donc de l'en laisser jamais dépouiller; celui ou ceux d'entre nous qui osent se l'arroger, commettent un crime de lèze-nation, qui mérite la peine capitale; ce ne sont plus que des tyrans que tout citoyen a droit de poignarder.

Nous avons à nous reprocher d'avoir laissé violer entre nos mains ce dépôt sacré de l'autorité nationale, et la République a couru les plus grands dangers ; que l'heureuse catastrophe qui nous l'a rendue, soit une leçon qui garantisse à jamais les Représentans du peuple de retomber dans une pareille faute.

Nous connoissons aujourd'hui les manœuvres que les ambitieux emploient pour s'en emparer ; c'est à nous de les veiller, et de déjouer leurs intrigues ; c'est hors de notre sein, et dans celui d'une société populaire, qu'ils égarent, que se forgent et préparent les instrumens de leur domination ; nous savons comment, pour se populariser auprès de cette société, ils violent tous les principes, en la flattant d'une autorité que jamais le peuple ni la Convention n'a pu ni du lui confier ; égarés par les perfides insinuations de ces dominateurs, vous l'avez vue sortir des bornes de sa salutaire institution, vous l'avez vue s'élever au-dessus des autorités constituées, et pousser ses prétentions jusqu'à rivaliser avec celle de *la Convention* ; faites-la promptement rentrer dans ses devoirs, c'est un service que vous lui rendrez, et que vous demandent tous les bons citoyens qui la composent. Là, comme par-tout, la masse est bonne : on peut, en l'égarant, lui donner un moment une mauvaise direction, mais jamais la pervertir ; loin donc de nous toute idée de dissoudre cette société qui rendit de grands services à la révolution, parce que dirigée par le plus hypocrite et le plus astucieux des hommes, nous l'avons vue, un moment rebelle à la représentation nationale : sans doute, son crime fut gand, il seroit même irrémissible, s'il n'étoit pas notoire qu'il a été l'ouvrage des intriguans qui, depuis long-temps, agitent cette société, s'il n'étoit pas notoire que la saine partie de ses membres, ne trempèrent dans cette infâme rébellion, qu'autant de temps qu'ils purent croire que ce n'étoit point contre la Convention que la faction du tyran dirigeoit ses coups. Mais en accordant à cette société toute la protection que vous devez à tous les bons républicains ; apprenez-lui quelle est sa véritable institution, ou plutôt rappelez-la à ses devoirs, elle saura alors qu'elle ne forme qu'une aggrégation de simples particuliers sans caractère, sans pouvoir, sans mission, qui, animés du zèle que la liberté inspire à tous les bons citoyens, se réunissent pour s'entretenir dans les principes du gouvernement démocratique que la nation entière a voté comme le seul propre à faire le bonheur des hommes en société. Elle saura que l'aggrégation des membres qui la composent, ne lui donne d'autres pouvoirs, d'autres privilèges que ceux qui appartiennent en particulier à tous les individus de la République ; que leur réunion n'a d'autre but que celui de s'instruire mutuellement, et d'exercer en commun, contre les ennemis de la révolution, la surveillance dont tous les bons citoyens se font un devoir, et qu'ils ne peuvent négliger sans se rendre coupables envers la patrie ; elle saura, enfin, avec toutes les sociétés populaires de la République, qu'elle n'a pas le droit de juger le civisme des citoyens qui sont hors de son sien, et encore moins celui de conférer à ses membres, la prétention auss injuste que ridicule, à un patriotisme plus pur et plus énergique que celui qui se professe hors de son enceinte.

A cette instruction, si vous y joignez de salutaires avis, vous l'inviterez à se tenir fortement sur ses gardes contre les intriguans qui assaillent sa tribune, et qui ne s'y montrent que pour acquérir une célérité bien dangereuse, puisqu'ils ne la recherchent que pour faire tourner au profit de leur ambition, de leur cupidité et de eurs petites passions, la chose publique, lorsque leur perversité ne va pas jusqu'à méditer sa ruine entière ; vous l'inviterez à se défier de ces hommes qui vont toujours dénonçant, toujours montrant au peuple des fantômes pour l'épouvanter, et détourner sa surveillance de dessus ses ennemis réels qui dilapident ses finances, et se gorgent patriotiquement de ses dépouilles et de sa subsistance.

Vous lui conseillerez d'obliger ces dénonciateurs impitoyables à déposer dans ses comités, leurs dénonciations, avant de permettre qu'elles soient rendues publiques à la tribune, afin de leur ôter le plaisir perfide de diffamer leurs concitoyens, sans avoir fourni la preuve des délits dont ils les accusent. Cette conduite, qui est celle de tous les bons et vrais républicains, ne peut manquer de rendre très-recommandable et très-utile dans la République, toute société qui aura le bon esprit de s'y conformer, alors elle méritera, de la part de la Convention, la protection qu'elle doit à tous les citoyens

(7)

qui réunissent leurs talens et leurs lumieres,
pour les rendre d'une utilité plus étendue à la
chose publique. Mais s'il s'en trouvoit une qui
portât ses prétentions au-delà des bornes que
la loi lui prescrit, elle deviendroit un monstre
en politique qu'il faudroit s'empresser d'étouffer;
et celle qui s'écartera de la conduite sage qu'on
vient de tracer, finira nécessairement, après
avoir excité bien des troubles, par s'attirer
l'animadversion publique, qui entrainera inévi-
tablement sa dissolution.

Ces vérités seront-elles de quelqu utilité ?
Oui, sans doute, si dans la position où nous
nous trouvons, après avoir été agités dans
tous les sens, après avoir passé de l'aristocra-
tie au fœdéralisme, du fœdéralisme à l'anar-
chie, après avoir éprouvé tous les maux qu'ont
pu nous faire ces différens partis, l'exemple du
danger que nous venons de courir, nous fait enfin
changer l'attitude mobile qui nous a rendu,
jusqu'à présent, le jouet des évènemens pour
nous fixer invariablement sur les bases de la
justice, qui est et sera à jamais le fondement
de toute société bien réglée. He ! qu'on ne nous
dise pas, comme on l'a fait, qu'en révolution il
faut quelquefois s'en écarter ; ce conseil ne
peut être que celui des intriguans, des ambitieux qui veulent faire tourner à leur profit
la chose publique ; il l'est encore de ces hommes
qui, ayant abusé de l'autorité dont ils étoient
revêtus, redoutent le jour qui doit se lever
sur leur conduite,

Jamais, non jamais, l'injustice ne put être

autorisée dans aucun gouvernement ; elle est la terreur du bon citoyen et la sauve-garde du méchant. Sous son regne, l'innocence s'humilie, et se cache, tandis que le crime lève audacieusement sa tête hideuse. En révolution, la saine politique nous prescrit d'établir des peines sévères contre les délits qui tendent à la renverser ou à la contrarier : mais plus ces peines sont sévères, plus elles doivent être infligées avec justice, plus il est intéressant d'en garantir l'innocence : sans quoi, comme on l'a vu dans la personne de Robespierre, la tyrannie s'élève sur le trône que lui dresse la terreur, et règne au milieu du silence qu'elle impose à tous les bons citoyens.

Nous l'avons éprouvée cette tyrannie ; nous avons gémi six mois sous sa verge de fer ; nous nous sommes vus décimer par le tyran, sans oser réclamer la justice qui étoit notre garantie ; et s'il eût eu autant de politique qu'il avoit d'audace, il marqueroit encore au milieu de nous les victimes qu'il lui plaîroit d'immoler. Vous l'avez renversé, mais croyez-vous que sa chûte soit toute entière votre ouvrage ? Non, elle a été le sien propre ; il s'est perdu dans les pièges qu'il vous tendoit ; il lui falloit un coup d'éclat pour nous perdre en masse, il étoit parvenu à le faire naître ; et si la force sur laquelle il comptoit n'eût manqué à son projet, nous n'existerions plus, et la France gémiroit sous le despotisme d'un nouveau Cromwel, qui auroit composé son sénat de la Commune de Paris.

Qui nous a sauvés ? ce sont les bons citoyens

de Paris, ce sont tous ceux contre lesquels s'exerçoit la tyrannie de ce monstre, contre lesquels tous les complices subalternes ne cessoient de faire des dénonciations, en les accusant de modérantisme, de fœderalisme, de ces qualifications, enfin, devenues aujourd'hui si triviales, dont nos agitateurs et nos frippons se servent encore avec tant d'avantage, pour rendre suspects les meilleurs citoyens.

Dans les dangers qui ont menacés la Convention, a-t-on vû ces orateurs bannaux des sociétés et des sections, inviter le peuple à voler autour de son enceinte pour la défendre? Non, ils ont, dans le silence, lâchement attendu l'issue d'un évènement d'où dépendoit la perte ou le triomphe de leurs héros; leur espoir trompé, ils sont tombés dans la consternation; mais peu de jours ont suffit pour rendre à leur criminelle audace, l'énergie qu'elle avoit perdue, et, sans rougir de leur conduite aussi lâche que perfide, on les a vus reparoître sur la scène, et y reproduire effrontément les mêmes principes qui viennent de mettre la République à deux doigts de sa perte. Ils osent élever leur voix, et prêter à de bons citoyens, que la terreur tenoit à l'écart, des intentions perfides, parce qu'aujourd'hui ces citoyens se présentent dans leurs sections, et qu'ils y combattent les dangereuses maximes sur lesquelles le tyran fondoit l'espoir de sa domination.

Vils agens d'une faction qui n'a eu d'autre but que le bouleversement de la République, vous aurez beau vous envelopper sous le manteau du patriotisme que vous profanez, vous aurez beau vous parer d'un zele ardent pour la liberté que vous opprimez, on ne croira plus à vos prestiges ; on connoît les ressorts qui vous font mouvoir : on sait que le sordide intérêt pour les uns, et l'ambition de dominer pour les autres, sont les vrais mobiles de la conduite hypocritement patriotique que vous affectez tous. l'égoïsme que vous feignez de combattre, est un de vos vices dominans ; vous ne voulez dans la révolution, que ce qui flatte vos passions et vos intérêts ; vous enviez aux autres le titre de patriote, parce que vous voudriez, à vous seuls, en réserver tous les avantages ; c'est dans cette vue que vous voudriez faire passer pour aristocrates, les sept huitiemes des citoyens de la République ; mais vos iniques projets sont connus, et par conséquent plus à craindre.

Comme votre chef, vous vous débattrez peut-être encore quelque temps entre le crime qui vous suit et le supplice qui vous menace ; mais la fin qu'il a justement éprouvée, est pour vous le présage du sort qui vous attend.

Il faudra bien en finir avec vous, et ce moment sera l'aurore des beaux jours de la République.